A reforma protestante do fim dos tempos

Os mandamentos que estão em vigor no novo testamento para os cristãos obedecerem

SOLA MITZVOT DE YHWH
SOMENTE OS MANDAMENTOS DE DEUS

ELMO LUCACHAQUE

SUMÁRIO

Apresentação

Os valores éticos e morais bíblicos: Devem ser ensinados e conservados pelos ministros que são escolhidos por Deus; ainda que o mundo seja ao contrário de tais valores. Tudo neste mundo muda, tudo evolui, tudo transforma, tudo acaba. Mas a obediência aos ensinamentos extraídos dos mandamentos de Deus, fará que aqueles que cumprem, ressuscitem. Jesus veio ao mundo para obedecer as leis que ele fez para os homens; e para ele: com o propósito de salvar aos que creem no seu nome. Por isso ele foi 100% Deus e 100% homem. Jesus como homem, ele foi obediente até a morte: Jesus como Deus, ele ressuscitou.Toda a boa dádiva e todo o dom perfeito vem do alto, descendo do Pai das luzes, em quem não há mudança nem sombra de variação (Tiago 1:17)

O motivo de eu escrever este livro é para advertir os cristãos protestantes para que não sejam guiados pelos raciocínios de pessoas que mostram ser cristão, porém pelas suas condutas revelam que são inimigos da cruz de Cristo... Vale lembrar que a primeira pessoa que traduziu a primeira Bíblia para o português, foi um jovem inspirado por Deus: me refiro a João Ferreira

Annes d'Almeida. Na época que ele começou a traduzir a Bíblia, ele tinha 17 anos, a mesma idade que José tinha quando entrou no Egito. Os patriarcas entraram no Egito através de José. Por meio da tradução da bíblia para o português, por

João Ferreira de Almeida, nos fez conhecer Jesus, o autor e consumador da nossa fé, o qual nos tirou do "Egito".Quando alguém muda a tradução de alguma palavra original traduzida da bíblia para o português, escrita por João Ferreira Annes d'Almeida, há grande possibilidade de ser criada uma heresia. É certo que pelo passar do tempo, muitas palavras foram, e serão renovadas; porém, só o que não pode mudar é a tradução original...

Assim como nas instituições que não são religiosas, existem pessoas sérias que trabalham honestamente, e pessoas que não trabalham desta forma. Da mesma maneira acontece nas instituições religiosas... Os mandamentos que estão descrito neste livro, são para os cristãos que creem na salvação em Jesus Cristo, obedecerem. Aos outros que não creem, não há necessidade de cumprirem. Em todas as religiões existem normas para seus adeptos: contudo, todos são livres para seguir alguma religião ou não. Pelo menos aqui no Brasil por enquanto há laicidade. As leis que estão contidas neste livro, as quais são tiradas da bíblia são espirituais: Ou seja, todos que quiserem cumprir, cumprirão porque acreditam que Deus está olhando para eles, e por temerem á Deus procuram agrada-lo. Existe mandamento na bíblia, que proíbe o homem ter relação sexual com outro homem, e a mulher com outra mulher; mas como está escrito acima, somente as pessoas que creem na salvação em Jesus Cristo e querem agradar a Deus, que Irão se esforçar para obedecer os seus mandamentos: Aos outros que não creem, não precisam obedecer: Deus sempre deu e continua dando livre arbítrio para todas as pessoas, desde o primeiro homem que foi criado por ele, até ao último.

Introdução

Assim como no mundo espiritual existem leis; da mesma forma assim é no mundo natural: Ou seja, tudo é regido por lei. É de pasmar, que entre os cristãos chamados de protestantes, achar que é normal acreditar que só existem os dez mandamentos no novo testamento, menos o sábado, para se cumprir. Se fosse assim, não seria tão difícil se tornar um verdadeiro Cristão. **A Bíblia diz Em (2 Coríntios 5: 17):** (Assim que, se alguém está em Cristo, nova criatura é; as coisas velhas já passaram; eis que tudo se fez novo).

Para ser um cristão, ou uma cristã de verdade, existe regra: Cuja regra consiste em obedecer os mandamentos do Senhor Jesus.
Os verdadeiros cristãos não vivem transgredindo os mandamentos descritos no novo testamento: Além dos dez mandamentos, menos o sábado; existem muitos outros que devemos nos esforçar para cumprir. O Senhor Jesus disse que
existem mandamentos chamados menores, os quais se alguém violar e ensinar, não perderá a salvação:
(**Mateus 5: 19**): Como não sabemos quais são estes mandamentos chamados menores, temos que nos esforçar para cumprir todos.

Devo ressaltar, que Mandamento é sinônimo de lei
As leis do antigo testamento eram obrigatórias para os israelitas obedecerem até o tempo da segunda aliança, porque ela profetizava a vinda de Cristo, o qual iria vir ao mundo para cumpri-las, para excluir a pena de morte que nelas havia, e estabelecer a lei da vida (**Romanos 8: 2**) (**Romanos 3: 21,22**).

No novo testamento, os mandamento são para os seguidores de Cristo Jesus obedecerem por meio da fé, se de fato creem que Ele é o filho de Deus e o
único salvador: todavia ninguém é obrigado a obedece-lo. Contudo é melhor não obedecer

estando fora, do que não obedecer estando
dentro
(**Lucas 17: 12**) (**Romanos 7: 10**)
(**Apocalipse 3: 15,16**).

Segundo o estudo da teologia cristã protestante,
existem aproximadamente cerca de 613 leis no
antigo testamento: mas no novo testamento a
mesma teologia não diz especificamente quantas
leis que existem; e nem diz quais são.
Jesus veio ao mundo para nos salvar. E para ser
consumado o projeto da salvação, ele teve que
obedecer os mandamentos, ou as leis do antigo
testamento para nos dar exemplo. **Em**
(**Hebreus 5: 8,9**) **Diz**: Ainda que era Filho,
aprendeu a obediência, por aquilo que sofreu. E,
sendo Ele consumado, veio a ser a causa da
eterna salvação para todos os que lhe obedecem.
**Em (Mateus 5: 17) Jesus disse que Ele veio para
cumprir a lei:** (Não cuideis que vim destruir a lei
ou os profetas; não vim abrogar, mas cumprir.
Em (Romanos 3: 31) diz: Anulamos, pois, a lei
pela fé? De maneira nenhuma, antes
estabelecemos a lei.
Também diz em (Romanos 7: 12)
E assim a lei é santa, e o Mandamento santo,
justo e bom.

A reforma protestante do fim dos tempos

Os mandamentos que estão em vigor no novo testamento para os cristãos obedecerem

Citarei os mandamentos do antigo testamento que foram ratificados no novo, e alguns mandamentos que ficaram mais rígidos, e outros novos para os cristãos cumprirem. Pode ser que faltem alguns mandamentos, mas os que eu pude notar escrevi.

{ 1 } Mandamento para temer a Deus.

(Mateus 10: 28)
E não temas os que matam o corpo e não podem matar a alma; temei antes aquele que pode fazer perecer no inferno a alma e o corpo.

{ 2 } Mandamento que comprova quem de fato ama o Senhor Jesus. (João 14: 21)

Aquele que tem os meus mandamentos e os guarda esse é o que me ama; e aquele que me ama será amado de meu Pai, e eu o amarei, e me manifestarei a ele.

{ 3 } Mandamento para examinar as escrituras.

(João 5: 39)

Examinais as escrituras, porque vós cuidais ter nelas a vida eterna, e são elas que de mim testificam; E não quereis vir a mim para terdes vida.

{ 4 } Mandamento para não buscar as coisas deste mundo. (Colossenses 3: 1 a 3)

Portanto, se já ressuscitastes com Cristo, buscai as coisas que são de cima, onde Cristo está assentado á destra de Deus. Pensai nas coisas que são de cima, e não nas que são da terra; Porque já estais mortos, e a vossa vida está escondida com Cristo em Deus.

{ 5 } Mandamento para viver em santidade. (1 Pedro 1: 15,16)

Mas, como é Santo aquele que vos chamou, sede vós também santos em toda a vossa maneira de viver; Portanto está escrito: Sede santos, porque eu sou Santo.

Santo= Separado das práticas mundanas, e de toda a aparência do mal.

{ 6 } Mandamento contra o crente que não cumpre com sua palavra.

(Mateus 5: 37)

Seja, porém, o vosso falar: Sim, sim; Não, não; porque o que passa disso é de procedência maligna.

{ 7 } Mandamento para não ter rancor permanente no coração. (Efésios 4: 26,27)

Irai-vos, e não pequeis; não se ponha o sol sobre a vossa ira. Não deis lugar ao diabo.

{ 8 } Mandamento que proíbe o cristão se divorciar, para se casar novamente.
(Romanos 7: 1 a 3)
(1 Coríntios 7: 39) (Lucas 16: 18)

Não sabeis vós, irmãos (pois que falo aos que sabem a lei), que a lei tem domínio sobre o homem por todo o tempo que vive? Porque a mulher que está sujeita ao marido, enquanto ele viver, está-lhe ligada pela lei; mas, morto o marido, está livre da lei do marido. De sorte que, vivendo o marido, será chamada adúltera se for de outro marido; mas, morto o marido, livre está da lei, e assim não será adúltera, se for de outro marido.

{ 9 } Mandamento para não ter relação sexual antes de casar. (1 Coríntios 6: 18, 19)

Fugi da prostituição. Todo pecado que o homem comete é fora do corpo; mas o que se prostitui peca contra o seu próprio corpo. Ou não sabeis que o vosso corpo é o templo do Espírito Santo, que habita em vós, proveniente de Deus, e que não sois de vós mesmos?

{10 } Mandamento para não furtar.

(Efésios 4: 28)

Aquele que furtava, não furte mais; antes trabalhe, fazendo com as mãos o que é bom, para que tenha o que repartir com o que tiver necessidade.

{ 11 } Mandamento para cuidar da família.

(1 Timóteo 5: 8)

Mas, se alguém não tem cuidado dos seus, e principalmente dos da sua família, negou a fé, e é pior do que o infiel.

{ 12 } Mandamento para trabalhar.

(1 Tessalonicenses 4:11,12)

Procurai viver quietos, e tratar dos vossos próprio negócios, e trabalhar com vossas próprias mãos, como já vo-lo temos mandado,[12] Para que andeis honestamente para com os que estão de fora, e não necessiteis de coisa alguma.

{ 13 } Mandamento contra maledicência.

(Tiago 3: 6) (Colossenses 3: 8)
(1 Pedro 2: 1)

A língua também é um fogo; como mundo de iniquidade, a língua está posta entre os nossos membros, e contamina todo corpo, e inflama o curso da natureza, e é inflamada pelo inferno. **(Maledicência=Difamação=injúria).**

{ 14 } Mandamento contra a murmuração.

(1 Coríntios 10: 10)
E não murmureis, como também alguns
deles murmuraram, e pereceram pelo
destruidor.
(Murmurar=Reclamação=insatisfação=).

**{ 15 } Mandamento para não deixar de
congregar. (Hebreus 10: 24, 25)**

E consideremo-nos uns aos outros,
para nós estimulamos ao amor e às boas obras,
25 Não deixando a nossa congregação, como é
costume de alguns, antes, admoestando-nos uns
aos outros; e tanto mais, quando vedes que se vai
aproximando aquele dia.
(Congregar=Unir=Juntar=Reunir).

{ 16 } Mandamento para não cometer torpeza.

(Efésios 4: 29)
Não saia da vossa boca nenhuma palavra torpe,
mas só a que for boa para promover a edificação,
para que dê graça aos que a ouvem.
**(Torpeza: Qualidade de pessoa Indecente,
obsceno) pessoa que fala palavrão.**

**{ 17 } Mandamento para não causar escândalo a
ninguém. (1 Coríntios 10: 32) (Mateus 18: 7)**

Portai-vos de modo que não deis escândalo nem aos judeus, nem aos gregos, nem á igreja de Deus

{ 18 } Mandamento para fazer boas obras.

(Tiago 2: 15 a 17) (Gálatas 6: 10)
E, se o irmão ou a irmã estiverem nus, e tiverem falta de mantimento cotidiano,16 E algum de vós lhes disser: Ide em paz, aquentai-vos, e fartai-vos; e não lhes derdes as coisas necessárias para o corpo, que proveito virá daí? 17 Assim também a fé, se não tiver as obras, é morta em si mesma.

{ 19 } Mandamento contra chocarrices, e outros pecados.

(Efésios 5: 4)
 Nem torpezas, nem parvoíces, nem chocarrices, que não convém; mas antes, ações de graças.
(Chocarrice=Pessoa que tem comportamento ofensivo, que gosta de zombar dos outros, e fazer brincadeira de mal gosto).

{ 20 } Mandamento contra malicia, e outros pecados. (1 Pedro 2: 1)

Deixando, pois, toda a malícia, e todo o engano, e fingimentos, e invejas, e todas as murmurações.

{ 21 } Mandamento contra negligência.

(Hebreus 2: 3)
Como escaparemos nós, se não atentarmos para uma tão grande salvação, a qual, começando a ser anunciada pelo Senhor, foi-nos depois confirmada pelos que a ouviram;

(Negligente=Irresponsável no que tange, a salvação. Cristão que não dar valor aos mandamentos de Deus).

{ 22 } Mandamento contra a inveja.

(Tiago 3: 16)
Porque onde há inveja e espírito faccioso aí há perturbação e toda a obra perversa.

(Inveja=Desgosto provocado pela felicidade alheia, desejo irrefreável de possuir ou gozar o que é de outrem)

{ 23 } Mandamento para o cristão não privar o seu conjugue de ter relação sexual consigo.

(1 Coríntios 7: 4)
A mulher não tem poder sobre o seu próprio corpo, mas tem-no o marido; e também da

mesma maneira o marido não tem poder sobre
o seu próprio corpo, mas tem-no a mulher.

**{ 24 } Mandamento para os filhos, concernente
aos seus pais.**

(Efésios 6: 1 a 3)
Vós, filhos, sede obedientes a vossos pais no
Senhor, porque isto é justo. Honra a teu pai e a
tua mãe, que é o primeiro Mandamento com
promessa, para que te vá bem, e vivas muito
tempo sobre a terra.

**{ 25 } Mandamento para os pais, concernente
aos seus filhos.**

(Efésio 6: 4)
E, vós pais, não provoqueis a irá a vossos filhos,
mas criai-os na doutrina e admoestação do
Senhor.

**{ 26 } Mandamento que iguala aquele que odeia
o irmão em Cristo, com um homicida.**

(1 João 3: 15)
Qualquer que odeia a seu irmão é homicida.
E vós sabeis que nenhum homicida tem a vida
eterna permanecendo nele.

{ 27 } Mandamento para se batizar.

(Marcos 16: 16)
Quem crer e for batizado será salvo; mas quem
não crer será condenado.

**{ 28 } Mandamento contra quem comete
injustiça.**

(1 Coríntios 6: 9)

Não sabeis que os injustos não hão de herdar o
reino de Deus?

**{ 29 } Mandamento contra a avareza, e outros
pecados. (Efésios 5: 5)**

Porque bem sabeis isto: que nenhum devasso, ou
impuro, ou avarento, o qual é idólatra, tem
herança no reino de Cristo e de Deus.

**(Avareza: Apego excessivo ao dinheiro, às
riquezas e coisas materiais.)**

{ 30 } Mandamento contra a hipocrisia.

(Mateus 23: 28)

Assim também vós exteriormente pareceis justos aos homens, mas interiormente estais cheios de hipocrisia e de iniquidade.

(Hipócrita: Pessoa falsa, fingida, dissimulada, enganadora)

{ 31 } Mandamento contra a presunção.

(Tiago 4: 16)
Mas agora vos glorias em vossas presunções; toda a glória tal como está é maligna.

{ 32 } Mandamento para não fazer acepção de pessoas.

(Tiago 2: 9)
Mas, se fazeis acepção de
pessoas, cometeis pecado, e sois redarguidos pela lei como transgressores.

(Acepção de pessoas: Privilegiar, ou ter preferência por alguém, por questão financeira, título, credo, raça, profissão, e coisas semelhantes)

{ 33 } Mandamento contra porfias, facções e outros pecados.

(Gálatas 5:19 a 21)
Porque as obras da carne são manifestas, as quais são: adultério, prostituição, impureza, lascívia, 20 Idolatria, feitiçaria, inimizades, porfias, emulações, iras, pelejas, dissensões, facções, 21 Invejas, homicídios, bebedices, glutonarias, e coisas semelhantes a estas, acerca das quais vós declaro, como já antes vos disse, que os que cometem tais coisas não herdarão o reino de Deus.
(Porfia=disputa, discussão, teimosia).
(Facção=grupo de oposição ao líder.

{ 34 } Mandamento contra homicídio, e outros pecados

(Tiago 2: 11)
Porque aquele que disse: Não cometerás adultério, também disse: Não matarás. Se tu pois não cometeres adultério, mas matares, estás feito transgressor da lei.

{ 35 } Mandamento contra lascívia.

(Gálatas 5:19)
Porque as obras da carne são manifestas, as quais são: adultério, prostituição, impureza, lascívia,
(Lascívia=Vontade exagerada de fazer sexo)

**{ 36 } Mandamento contra o homem
ter relação sexual com outro homem, e a
mulher ter relação sexual com outra mulher.**

(1 Coríntios 6: 9) (Romanos 1: 26,27)
Por isso Deus os abandonou ás paixões infames.
Porque até as suas mulheres mudaram o uso
natural, no contrário á natureza. E,
semelhantemente, também os
homens, deixando o uso natural da mulher, se
inflamaram em sua sensualidade uns para com
os outros, homens com homens, cometendo
torpeza e recebendo em si mesmos a recompensa
que convinha ao seu erro.

**{ 37 } Mandamento contra sacrilégio, e outros
pecados**

(Romanos 2: 22)
Tu, que dizes que não se deve adulterar,
adulteras? Tu, que abominas os ídolos, cometes
sacrilégio?

**Sacrilégio=profanar: colocar na igreja imagem
de qualquer coisa, do lado de fora ou dentro.**

Diz assim em (**1 Timóteo 3: 15**) Mas, se tardar,
para que saibas como convém andar na casa de
Deus, que é a igreja do Deus vivo, a coluna e

baluarte da verdade (1 **Timóteo 3: 15**) Igreja é a casa do Deus vivo.

{ 38 } Mandamento contra a devassidão, e outros pecados

(Efésios 5: 5)
Porque bem sabeis isto: que nenhum devasso, ou impuro, ou avarento, o qual é idólatra, tem herança no reino de Cristo e de Deus.

(Devasso: Depravação de costumes, libertinagem, licenciosidade)

{ 39 } Mandamento para amar a Deus acima de tudo (Mateus 22: 37) (Êxodo 20: 3)

E Jesus disse-lhe: Amarás o Senhor teu Deus de todo o teu coração, e de toda a tua alma, e de todo o teu pensamento.

{ 40 } Mandamento contra estupro. (Gênesis 19: 1 a 10) (1 Coríntios 6:9)

Os homens de Sodoma queriam estuprar os anjos que foram na casa de Ló. Como não existe a palavra estupro ou estuprador na bíblia, e nas cartas aos coríntios faz separação de efeminados e sodomitas: posso concluir que

sodomita é sinônimo de quem comete estupro=
estuprador

**{ 41} Mandamento com punição de morte
espiritual para quem blasfemar contra o
Espírito Santo.**

(Mateus 12: 31,32)

Portanto, eu vos digo: Todo o pecado e blasfêmia
se perdoará aos homens; mas a blasfêmia contra
o Espírito não será perdoada aos homens. E, se
qualquer disser alguma palavra contra o Filho do
homem, ser-lhe-á perdoado; mas, se alguém
falar contra o Espírito Santo, não lhe será
perdoado, nem neste século nem no futuro.
Blasfemar: Insultar, ofender com palavras.

{ 42 } Mandamento contra idolatria.

(1 Coríntios 10: 14,15)
Portanto, meus amados, fugi da idolatria. Falo
como a entendidos: julgai vós mesmos o que
digo.

**(Idolatria: Adorar imagem de qualquer coisa,
ou qualquer coisa que os olhos podem ver)**

{ 43 } Mandamento contra mentira.

(Efésios 4: 25)

Por isso deixai a mentira, e falai a verdade cada um com o seu próximo; porque somos membros uns dos outros. (**Efésios 4: 25**) (**Êxodo 20: 16**).

{ 44 } Mandamento para seguir a paz com todos e a santificação

(**Hebreus 12: 14**)
Segui a paz com todos, e a santificação, sem a qual ninguém verá o Senhor.

{ 45 } Mandamento contra vingança.

(**Romanos 12: 19**)
Não vos vingueis a vós mesmos, amados, mas dai lugar á ira, porque está escrito: Minha é a vingança; eu recompensarei, diz o Senhor.

{ 46 } Mandamento contra o adultério por pensamento.

(**Mateus 5: 27,28**)
Ouvistes que foi dito aos antigos: Não cometerás adultério. Eu, porém, vos digo, que qualquer que atentar numa mulher para a cobiçar, já em seu coração cometeu adultério com ela.

{ 47 } Mandamento para não se irar contra seu irmão sem motivo, e não ofender o irmão na fé com as palavras Raca e louco.

(Mateus 5: 22)
Eu, porém, vos digo que qualquer que, sem motivo, se encolerizar contra seu irmão, será réu de juízo; e qualquer que disser a seu irmão: Raca, será réu do sinédrio; e qualquer que lhe disser: Louco, será réu do fogo do inferno.

**Raca: Insignificante, desprezível, vil.
Tolo: Imprudente, louco, insensato, e pessoa com falta de sabedoria.**

{ 48 } Mandamento contra o divórcio sem ser por causa de traição.

(Mateus 5: 32)
Eu, porém, vós digo que qualquer que repudiar sua mulher, a não ser por causa de prostituição, faz que ela cometa adultério, e qualquer que casar com a repudiada comete adultério.

{ 49 } Mandamento contra o cristão que é néscio.

(Efésios 5: 15)

Portanto, vede prudentemente como
andais, não como néscios, mas como sábios,
Néscio: Pessoa estúpida= ignorante.

**{ 50 } Mandamento para não comer carne de
animal com sangue, e carne de animal
sufocada, e sacrificada aos ídolos.**

(Atos 15: 29).
Que vos abstenhais das coisas sacrificadas
aos ídolos, e do sangue, e da carne sacrificada, e
da prostituição, das quais coisas bem fazeis se
vos guardardes. Bem vos vá.

**{ 51 } Mandamento contra todos que ensinam
erradamente a palavra de Deus, com o intuito
de ganhar dinheiro.**

(1 Timóteo 6: 3 a 10)
Se alguém ensina alguma outra doutrina, e se
não conforma com as sãs palavras de nosso
Senhor Jesus Cristo, e com a doutrina que é
segundo a piedade, É soberbo, e nada sabe, mas
delira acerca de questões e contendas de
palavras, das quais nascem invejas, porfias,
blasfêmias, ruins suspeitas,
contendas de homens corruptos de
entendimento, e privados da verdade, cuidando
que a piedade seja causa de ganho; aparta-te dos
tais.

Mas é grande ganho a piedade com contentamento.

Porque nada trouxemos para este mundo, e manifesto é que nada podemos levar dele.

Tendo, porém, sustento, e com que nos cobrirmos, estejamos com isso contentes.

Mas os que querem ser ricos caem em tentação, e em laço, e em muitas concupiscências loucas e nocivas, que submergem os homens na perdição e ruína. Porque o amor ao dinheiro é a raiz de toda a espécie de males; e nessa cobiça alguns se desviaram da fé, e se traspassaram a si mesmos com muitas dores.

{ 52 } Mandamento para abençoar, e não para amaldiçoar.

(Romanos 12: 14)
Abençoai aos que vós perseguem, abençoai, e não amaldiçoeis.

{ 53 } Mandamento para o cristão ser manso e humilde de coração.

(Mateus 11: 29) Disse Jesus
Tomai sobre vós o meu jugo, e aprendei de mim, que sou manso e humilde de coração; e encontrareis descanso para as vossas almas.

{ 54 } Mandamento para ofertar na igreja, o que quer, e o que pode ofertar.

(2 Coríntios 9: 7)
Cada contribua segundo propôs no seu coração;
não com tristeza, ou por necessidade, porque
Deus ama ao que dá com alegria.

{ 55 } Mandamento para orar constantemente.

(1Tessalonicensses 5:17)
Orai sem cessar.

{ 56 } Mandamento para negar a si mesmo e obedecer Jesus.

(Lucas 9:23)
E dizia a todos: Se alguém quer vir após mim,
negue-se a si mesmo, e tome cada dia a sua cruz,
e siga-me.

{ 57 } Mandamento para ter comunhão uns com os outros.

(1 João 1:6,7)
Se dissermos que temos comunhão com Ele,
e andarmos em trevas, mentimos, e
não praticamos a verdade. Mas, se
andarmos na luz, como Ele na luz está, temos

comunhão uns com os outros, e o sangue de Jesus Cristo, seu Filho, nos purifica de todo o pecado.

{ 58 } Mandamento contra o julgamento segundo a aparência.

(João 7: 24)
Não julgueis segundo a aparência, mas julgai segundo a reta justiça.

{ 59 } Mandamento contra a timidez e outros pecados.

(Apocalipse 21: 8)
Mas, quanto aos tímidos, e aos incrédulos, e aos abomináveis, e aos homicidas, e aos fornicadores, e aos feiticeiros, e aos idólatras e a todos os mentirosos, a sua parte será no lago que arde com fogo e enxofre; o que é a segunda morte.

{ 60 } Mandamento contra prevaricação.

(2 João 1: 9)
Todo aquele que prevarica, e não persevera na doutrina de Cristo, não tem a Deus. Quem persevera na doutrina de Cristo, esse tem tanto o Pai como ao Filho.

Prevaricação na igreja, é a falta de correção a qualquer membro que viola algum mandamento de Deus.

{ 61 } Mandamento contra o consumo de bebidas alcoólicas e outros pecados.

(Gálatas 5: 19 a 21)
As obras da carne são conhecidas, as quais são: prostituição, impureza, lascívia, Idolatria, feitiçarias, inimizades, porfias, ciúmes, iras, pelejas, dissensões, facções, invejas, bebedices, orgias, e coisas semelhantes a estas, acerca das quais vós declaro, como já antes preveni, que os que cometem tais coisas não herdarão o reino de Deus.

{ 62 } Mandamento contra glutonaria e outros pecados.

(Romanos 13: 13)
Andemos honestamente, como de dia; não em glutonaria, nem em bebedeiras, nem em orgias e dissoluções, nem em contendas e inveja.

{ 63 } Mandamento para não ungir um novo convertido a algum cargo ministerial na igreja, e contra outros pecados.

(**1 Timóteo 3:1 a 6**)
Esta é uma palavra fiel: se alguém deseja o
episcopado, excelente obra deseja.
Convém, pois, que o bispo seja irrepreensível,
marido de uma mulher, vigilante, sóbrio,
honesto, hospitaleiro, apto para ensinar;
Não dado ao vinho, não espancador, não
cobiçoso de torpe ganância, mas moderado, não
contencioso, não avarento;
Que governe bem a sua própria casa, tendo seus
filhos em sujeição, com toda a modéstia
(Porque, se alguém não sabe governar a sua
própria casa, terá cuidado da igreja de Deus?);
Não neófito, para que, ensoberbecendo-se, não
caia na condenação do diabo.

**{ 64 } Mandamento para obedecer
as autoridades terrenas.**

(**Romanos 13: 1 a 4**) (**Atos 5: 19**)
Toda a alma esteja sujeita ás autoridades
superiores, pois não há autoridades que não
venha de Deus. As autoridades que há foram
ordenadas por Deus. Por isso quem resiste á
autoridade resiste á ordenação de Deus, e os que
resistem trarão sobre si mesmos a condenação.
Pois os magistrados não são terror para as boas
obras, mas para ás más. Queres não temer a
autoridade? Faze o bem, e terás louvor dela.

{ 65 } Mandamento para não dizer a ninguém o bem que se faz ao próximo.

(Mateus 6: 1 a 4)
Guardai-vos de fazer a vossa esmola diante dos homens, para serdes vistos por eles; aliás, não tereis galardão junto de vosso Pai, que está nos céus. Quando, pois, deres esmola, não faças tocar trombeta diante de ti, como fazem os hipócritas nas sinagogas e nas ruas, para serem glorificados pelos homens. Em verdade vos digo que já receberam o seu galardão. Mas, quando tu deres esmola, não saiba a tua mão esquerda o que faz a tua direita; Para que a tua esmola seja dada em secreto; e teu Pai, que vê em secreto, ele mesmo te recompensará publicamente.

{ 66 } Mandamento para tomar ceia.

(João 6: 53) (1coríntios 11:23 a 32)
Jesus, pois, lhes disse: Na verdade, na verdade vos digo que, se não comerdes a carne do Filho do homem, e não beberdes o seu sangue, não tereis vida em vós mesmos.

{ 67 } Mandamento para os ricos.

(1 Timóteo 6: 17 a 19 (Mateus 6:24)
Manda aos ricos deste mundo que não sejam

altivos, nem ponham a esperança na incerteza das riquezas, mas em Deus, que abundantemente nos dá todas as coisas para delas gozarmos;18Que façam bem, enriqueçam em boas obras, repartam de boa mente, e sejam comunicaveis;19Que entesourem para si mesmos um bom fundamento para o futuro, para que possam alcançar a vida eterna.

{ 68 } Mandamento contra o suicídio, ou fazer mal a si mesmo, ou fazer mal aos outros.

(1 Coríntios 3: 17) (1 João 5: 16)
Se alguém destruir o templo de Deus, Deus o destruirá; porque o templo de Deus, que sois vós, é santo.

{ 69 } Mandamento contra parvoíces e outros pecados. (Efésios 5: 3,4)

Mas a fornicação, e toda a impureza ou avareza, nem ainda se nomeie entre vós, como convém a santos,3Nem torpezas, nem parvoíces, nem chocarrices, que não convém; mas antes, ações de graças.

Parvoíces= Ato ou dito de parvo, tolice.

{ 70 } Mandamento contra os parricidas, matricidas, e outro pecado

(1 Timóteo 1: 9)
Sabendo isto, que a lei não é feita para o justo, mas para os injustos e obstinados, para os ímpios e pecadores, para os profanos e irreligiosos, para os parricidas e matricidas, para os homicidas

{ 71 } Mandamento para ajudar os líderes evangélicos que não tem nenhum recurso financeiro.

(Gálatas 6: 6)
E o que é instruído na palavra reparta de todos os seus bens com aquele que o instrui.

{ 72 } Mandamento para não ajuntar tesouros na terra.

(Mateus 6:19,20)
Não ajunteis tesouros na terra, onde a traça e a ferrugem tudo consomem, e onde os ladrões minam e roubam; Mas ajuntai tesouros no céu, onde nem a traça nem a ferrugem consomem, e onde os ladrões não minam nem roubam.

{ 73 } Mandamento para perseverar no caminho do Senhor Jesus até o fim para ser salvo.

(Mateus 24: 12, 13)
E, por se multiplicar a iniquidade, o amor de muitos esfriará. Mas aquele que perseverar até ao fim será salvo.

{ 74 } Mandamento contra os Cristãos que se entremete na vida alheia, e outros pecados.

(1 Pedro 4: 15)
Que nenhum de vós padeça como homicida, ou ladrão, ou malfeitor, ou como o que se entremete em negócios alheios.

{ 75 } Mandamento contra inquietação.

(Filipenses 4: 6,7)
Não andeis ansiosos por coisa alguma, mas em tudo, pela oração e pela súplica, com ações de graças, sejam as vossas petições conhecidas diante de Deus. E a paz de Deus, que excede todo o entendimento, guardará os vossos corações e as vossas mentes em Cristo Jesus.

{ 76 } Mandamento para jejuar, e como jejuar.

(Mateus 6: 17,18)

Tu, porém, quando jejuares, unge a tua cabeça, e lava o teu rosto, para não pareceres aos homens que jejuas, mas a teu Pai, que está em secreto; e teu Pai, que vê em secreto, te recompensará publicamente.

{ 77 } Mandamento para fugir da aparência do mal.

(1 Tessalonicenses 5: 22)
Abstende-vos de toda a aparência do mal.

{ 78 } Mandamento contra ciúmes e outros pecados.

(1 Coríntios 13: 4) (Gálatas 5: 20)
O amor é longânime e benigno. O amor não é ciumento, não se gaba, não se enfuna,5não se comporta indecentemente, não procura os seus próprios interesses, não fica encolerizado, não leva em conta o dano.6Não se alegra com a injustiça, mas alegre-se com a verdade.7Suporta todas as coisas, acredita todas as coisas, espera todas as coisas, persevera em todas as coisas.

{ 79 } Mandamento contra os líderes que permitem os falsos profetas usados pelos espíritos das trevas, ou pela carne, atuarem dentro da igreja.

(**Apocalipse: 2:18 a 24**)

E ao anjo da igreja que está em Tiatira escreve: isto diz o Filho de Deus, que tem seus olhos como chama de fogo, e os pés semelhantes ao latão reluzente: Eu conheço as tuas obras, e o teu amor, e o teu serviço, e a tua fé, e a tua paciência, e que as tuas últimas obras são mais do que as primeiras. Mas algumas poucas coisas tenho contra ti que deixas Jezabel, mulher que se diz profetisa, ensinar e enganar os meus servos, para que forniquem e comam dos sacrifícios da idolatria. E dei-lhe tempo para que se arrependesse da sua fornicação; e não se arrependeu. Eis que a porei numa cama, e sobre os que adulteram com ela virá grande tribulação, se não se arrependerem das suas obras. E ferirei de morte a seus filhos, e todas as igrejas saberão que eu sou aquele que sonda os rins e os corações. E darei a cada um de vós segundo as vossas obras. Mas eu vos digo a vós, e aos restantes que estão em Tiatira, a todos quantos não têm esta doutrina, e não conheceram, como dizem, as profundezas de Satanás, que outra carga vos não porei.

{ 80 } Mandamento contra heresia.

(**2 Pedro 2: 1**) (**1 Timóteo 6: 3 a 13**)

Mas houve também entre o povo falsos mestres, os quais introduzirão encobertamente heresias destruidoras, negando até o Senhor que os resgatou, trazendo sobre si mesmo repentina destruição. (**Heresia=ensinamento oposto, ao ensinamento e conselho de Deus.**

{ 81 } Mandamento contra dissensões, e outros pecados.

(1 Coríntios 3: 3)
Ainda sois carnais. Pois havendo entre vós Inveja e contendas, não sois carnais, e não andais segundo os homens? .
Dissensões=Conflitos, divergências ou desentendimentos.

{ 82 } Mandamento para pagar as dívidas.

(Romanos 13: 7,8)
Portanto, dai a cada um o que deveis: a quem tributo, tributo; a quem imposto, imposto; a quem temor, temor; a quem honra, honra. A ninguém devais coisa alguma, a não ser o amor com que vos ameis uns aos outros; porque quem ama aos outros cumpre a lei.

{ 83 } Mandamento para não fazer acusação sem prova aos ministros da igreja.

(1 Timóteo 5: 19,20)

Não aceites acusação contra o presbítero, senão com duas ou três testemunhas. Aos que pecarem, repreende-os na presença de todos, para que também os outros tenham temor.

Obs: Neste texto está incluído também: pastor, bispo, ou qualquer ministro evangélico.

{ 84 } Mandamento para não se associar com pessoa que diz ser cristão, mas vive em pecado.

(1 Coríntios 5: 11)
Mas agora vos escrevi que não vos associeis com aquele que, dizendo-se irmão, for devasso, ou avarento, ou idolatra, ou maldizente, ou beberrão, ou roubador, com o tal nem ainda comais.

{ 85 } Mandamento para não tentar a Cristo.

(Números 21: 4 a 6) (1 Coríntios 10: 9)
E não tentemos a Cristo, como alguns deles também tentaram, e pereceram pelas serpentes.

{ 86 } Mandamento para não repreender asperamente os anciões, e honrar as viúvas, e tratar os jovens como irmãos.

(1 Timóteo 5: 1 a 3)

[1] Não repreenda asperamente ao homem idoso, mas exorte-o como se ele fosse seu pai; trate os jovens como a irmãos;

[2] as mulheres idosas, como a mães; e as moças, como a irmãs, com toda a pureza.

[3] Trate adequadamente as viúvas que são realmente necessitadas.

{ 87 } Mandamento contra o irmão que instaura algum processo judicial contra o outro irmão, e outros pecados.

(1 Coríntios 6: 1 a 18)

Ousa algum de vós, tendo algum negócio contra outro, ir a juízo perante os injustos, e não perante os santos? Não sabeis vós que os santos hão de julgar o mundo? Ora, se o mundo deve ser julgado por vós, sois indignos de julgar as coisas mínimas? Não sabeis vós que havemos de julgar os anjos? Quanto mais as coisas pertencentes a esta vida? Então, se tiverdes negócios em juízo, pertencentes a esta vida, constituís como juízes deles os que são de menos estima na igreja? Para vos envergonhar o digo. Não há entre vós sábios, nem mesmo um, que possa julgar entre seus irmãos? Mas o irmão vai a juízo contra outro irmão, e isto perante infiéis. Na verdade já é realmente uma falta entre vós, terdes demandas uns contra os outros. Por que não sofreis antes a injustiça? Por que não sofreis antes o dano? Mas vós mesmos fazeis a injustiça, e fazeis o dano, e isto aos próprios irmãos. Não sabeis que os injustos não hão de herdar o reino de Deus? Não erreis: nem impuros, nem idólatras, nem adúlteros, nem efeminados, nem sodomitas, nem ladrões, nem avarentos, nem bêbados, nem maldizentes, nem roubadores herdarão o reino de Deus. E tais fostes alguns de vós. Mas fostes lavados, mas fostes santificados, mas fostes justificados, em nome do Senhor Jesus, e pelo Espírito de nosso Deus.

{ 88 } Mandamento para não oprimir nem enganar o irmão.

(1 Tessalonicenses 4: 6)
Ninguém oprima ou engane a seu irmão em negócio algum, porque o Senhor é vingador de todas estas coisas, como também antes vo-lo dissemos e testificamos.

{ 89 } Mandamento contra vanglória ou vaidade

(Filipenses 2: 3)
Nada façais por contenda ou por vanglória, mas por humildade; cada um considere os outros superiores a si mesmo.

{ 90 } Mandamento contra as más conversações.

(1 Coríntios 15: 33)
Não vós enganeis: As más conversações
corrompem os bons costumes.

**{ 91 } Mandamento para se fortalecer no Senhor
e na força do seu poder.**

(Efésios 6: 10 a 18)
No demais, irmãos meus, fortalecei-vos no
Senhor e na força do seu poder. Revesti-vos de
toda a amargura de Deus, para que possais estar
firmes contra as astutas ciladas do diabo. Pois
não temos de lutar contra a carne e o sangue, e,
sim, contra os principados, contra as potestades,
contra os poderes deste mundo tenebroso,
contra as forças espirituais da maldade nas
regiões celestes. Portanto, tomai toda a
armadura de Deus, para que possais resistir no
dia mau e, havendo feito tudo, ficar firmes.
Estais, pois, firmes, tendo cingidos os vossos
lombos com a verdade, e vestida a couraça da
justiça, e calçados os pés na preparação do
evangelho da paz, tomando, sobretudo, o escudo
da fé, com o qual podereis apagar todos os
dardos inflamados do maligno. Tomai também o
capacete da salvação, e a espada do Espírito, que
é a palavra de Deus.

{ 92 } Mandamento para não orar para o irmão que cometeu pecado para a morte.

(1João 5: 16)
Se alguém vir a seu irmão cometer pecado que não é para a morte, pedirá, e Deus lhe dará vida, aos que não pecaram para morte. Há pecado para morte, e por esse não digo que ore.

Comentário: acredito eu que, pecado para a morte, é quando algum cristão peca conscientemente: E a blasfêmia contra o Espírito Santo (Mateus 12: 31,32)

{ 93 } Mandamento para o cristão crer, que só Jesus pode salvar.

(1 Coríntios 3: 11) (Atos 4:12)
Em nenhum outro há salvação, pois também debaixo do céu nenhum outro nome há, dado entre os homens, pelo qual devamos ser salvos.

{ 94 } Mandamento contra cobiça.

(Romanos 7:7)
Que diremos pois? É a lei pecado? De modo nenhum. Mas eu não conheci o pecado senão pela lei; porque eu não conheceria a concupiscência, se a lei não dissesse: Não cobiçarás.

{ 95 } Mandamento para exercer a piedade.

(1 Timóteo 4: 7)
Mas rejeita as fábulas profanas e de velhas, e exercita-te a ti mesmo em piedade.
Piedade=Amor ás coisas de Deus.

{ 96 } Mandamento para amar ao próximo como a si mesmo

(Tiago 2: 8)
Todavia, se cumprirdes a lei real, encontrada na escritura: Amarás o teu próximo como a ti mesmo, fazeis bem.

Amar o próximo: é fazer o mesmo bem que queremos para nós mesmos, fazer ao próximo, e não fazer ao próximo, o que não queremos para nós.

{ 97 } Mandamento para agradecer a Deus por tudo.

(1 Tessalonicenses 5: 18)
Em tudo dai graças, porque essa é a vontade de Deus em Cristo Jesus para convosco.

{ 98 } Mandamento para ter sempre alegria.

(Filipenses 4: 4) (1Tessalonicenses 5: 16)
Regozijai–vos sempre no Senhor; outra vez digo,
regozijai-vos.

**{ 99 } Mandamento para não extinguir o
Espírito Santo, e para não desprezar as
profecias.**

(1 Tessalonicenses 5: 19, 20).
Não extingais o Espírito, não desprezeis as
profecias.

{ 100 } Mandamento para vigiar e orar.

(Mateus 26: 41).
Vigiai e orai, para que não entreis em tentação.
Na verdade o espírito está pronto, mas a carne é
fraca.

**{ 101 } Mandamento para examinar tudo, e
reter o bem, e recusar toda espécie de mal**

(1 Tessalonicenses 5: 21,22).
Examinai tudo. Retende o bem. Abstende–vos de
toda espécie de mal.

{ 102 } Mandamento contra gritaria, e outros pecados.

(Efésios 4: 31, 32)
Toda a amargura, e ira, e cólera, e gritaria, e blasfêmia e toda a malícia sejam tiradas dentre vós, Antes sede uns para com os outros benignos, misericordiosos, perdoando-vos uns aos outros, como também Deus vos perdoou em Cristo.

{ 103 } Mandamento contra omissão.

(Tiago 4: 17)
Aquele, pois, que sabe fazer o bem e não faz, comete pecado.

{ 104 } Mandamento que proíbe jurar.

(Mateus 5: 34 a 37)
Eu, porém, vós digo que de maneira nenhuma jureis; nem pelo céu, porque é o trono de Deus; nem pela terra, porque é o escabelo de seus pés; nem por Jerusalém, porque é a cidade do grande Rei; nem jurarás pela tua cabeça, porque não podes tornar um cabelo branco ou preto.
Seja, porém, o vosso falar: Sim, sim; Não, não; porque o que passa disto é de procedência maligna.

{ 105 } Mandamento para dar a quem pedir, e não rejeitar a quem quiser que lhe empreste.

(Mateus 5: 42)
Dá a quem te pedir, e não te desvies daquele que quiser que lhe emprestes.

{ 106 } Mandamento para não orar com intenção de ser visto pelos homens.

(Mateus 6: 5).
E, quando orares, não sejas como os hipócritas, pois gostam de orar em pé nas sinagogas e nas esquinas das ruas para serem vistos pelos homens. Em verdade vos digo que já receberam a sua recompensa.

{ 107 } Mandamento para não fazer oração longa, e nem repetir palavras na oração.

(Mateus 6: 7)
E, orando, não useis de vãs repetições, como os gentios, que pensam que por muito falarem serão ouvidos.

{ 108 } Mandamento para orar da forma que o Senhor Jesus ensinou.

(Mateus 6: 9 a 13).
Portanto, vós orareis assim:
Pai nosso que estás nos céus, santificado seja o teu nome, venha o teu reino, seja feita a tua vontade, assim na terra como no céu. O pão nosso de cada dia nos dá hoje, perdoa-nos as nossas dividas, assim como nós perdoamos aos nossos devedores. Não nos deixes cair em tentação, mas livra-nos do mal. Porque teu é o reino e o poder, e a glória, para sempre. Amém.

{ 109 } Mandamento para perdoar, para que seja perdoado.

(Mateus 6: 14,15).
Pois se perdoardes aos homens as suas ofensas, também vosso Pai celestial vos perdoará a vós. Porém se não perdoardes aos homens as suas ofensas, também vosso Pai celestial não perdoará as vossas.

{ 110 } Mandamento para buscar em primeiro lugar o reino dos céus e sua justiça.

(Mateus 6: 33).

Mas buscai primeiro o seu reino e a sua justiça, e todas estas coisas vos serão acrescentadas.

{ 111 } Mandamento para fazer o mesmo bem que deseja consigo mesmo, fazer ao próximo.

(Mateus 7: 12).
Portanto, tudo o que vós quereis que os homens vos façam, fazei-o vós também a eles, pois esta é a lei e os profetas.

{ 112 } Mandamento contra os cães, no sentido figurado.

(2 Pedro 20:22) (Apocalipse 22: 15)
Porquanto se, depois de terem escapado das corrupções do mundo, pelo conhecimento do Senhor e salvador Jesus Cristo, forem outra vez envolvidos nelas e vencidos, tornou-se-lhes o último estado pior do que o primeiro, porque melhor lhes fora não conhecerem o caminho da justiça, do que, conhecendo-o, desviarem-se do santo mandamento que lhes fora dado;22Deste modo sobreveio-lhes o que por um verdadeiro provérbio se diz: O cão voltou ao seu próprio vômito, e a porca lavada ao espojadouro de lama.

(Os cães nestes versículos simbolizam as pessoas que se desviaram do caminho de Deus; mas ainda continuam mostrando que são

cristãos: E muitos ainda vivem atuando como líderes evangélicos, ensinando heresias. Exemplo: a teoria da prosperidade.)

{ 113 } Mandamento que conduz o cristão para o caminho da salvação.

(Mateus 7: 13, 14).
Entrai pela porta estreita. Pois larga é a porta, e espaçoso o caminho que conduz a perdição, e muitos são os que entram por ela. Mas estreita é a porta, e apertado o caminho que conduz para a vida, e são poucos os que a encontram.

{ 114 } Mandamento para não escandalizar o irmão por comida sacrificada aos ídolos.

(1 Coríntios 8: 8 a 13) (1 Timóteo 4: 4,5)
Ora a comida não nos faz agradáveis a Deus, porque, se comemos, nada nos falta. Mas vede que essa liberdade não seja de alguma maneira escândalo para os fracos. Porque, se alguém te vir a ti, que tens ciência, sentado á mesa no templo dos ídolos, não será a consciência do que é fraco induzida a comer das coisas sacrificadas aos ídolos? E pela tua ciência perecerá o irmão fraco, pelo qual Cristo morreu. Ora, pecando assim contra os irmãos, e ferindo a sua fraca consciência, pecas contra Cristo. Por isso, se a

comida escandalizar a meu irmão, nunca mais comerei carne, para que meu irmão não se escandalize.

Isto também se refere á comida sacrificada para as entidades espirituais.

{ 115 } Mandamento para o cristão se casar só com cristão.

(1 Coríntios 7: 39).
A mulher casada está ligada pela lei enquanto o seu marido vive. Mas se falecer o marido, fica livre para casar com quem quiser, contanto que seja no Senhor.

{ 116 } Mandamento para não ofertar na igreja com tristeza, ou por necessidade.

(2 Coríntios 9: 6).
(E digo isto: Que o que semeia pouco, pouco também ceifará, e o que semeia com fartura, com fartura também ceifará. Cada um contribua segundo propôs no seu coração, não com tristeza ou por necessidade, pois Deus ama ao que dá com alegria).

1 Explicação: Contribuir com tristeza, é quando a pessoa acha que a sua contribuição irá fazer falta.

2 Contribuir por necessidade é quando a pessoa está necessitando de algo, e por esse motivo ela contribui: Ou seja, ela contribui por interesse.

3 Contribuir com alegria independe de qualquer circunstância.

{ 117 } Mandamento para dar a glória somente para Deus.

(2 Coríntios 10: 17,18) (Romanos 11: 36).
Porque dele por ele e para ele são todas as coisas. Glória, pois, a ele eternamente! Amém.
Glória=Honra, exaltação.

{ 118 } Mandamento para não receber outro Jesus, ou outro espírito, ou outro evangelho.

(2 Coríntios 11: 1 a 4)
Porque, se alguém for pregar-vos outro Jesus que nós não temos pregado, ou se recebeis outro espírito que não recebeste, ou outro evangelho que não abraçastes, com razão o sofrereis.

{ 119 } Mandamento para fazer de coração todas as coisas boas como se fosse para Deus, e não para os homens.

(Colossenses 3: 23, 24)
E tudo quanto fizerdes, fazei-o de todo o coração,
como ao Senhor, e não aos homens, Sabendo
que recebereis do Senhor o galardão da herança,
porque a Cristo, o Senhor servis.

**{ 120 } Mandamento para se afastar do irmão
que não anda segundo a tradição bíblica.**

(2 Tessalonicenses 3: 6)
(Mandamos-vos, porém, irmãos, em nome do
nosso Senhor Jesus Cristo, que vos aparteis de
todo o irmão que anda desordenadamente, e não
segundo a tradição que de nós recebeu).

**Tradição=Conjunto de valores morais, e
espirituais (2 Tessalonicenses 2: 15).**

**{ 121 } Mandamento para fazer deprecações,
orações, intercessões, e ações de graças por
todos os homens.**

(1 Timóteo 2: 1).
Exorto, pois, antes de tudo, que se façam
súplicas, orações, intercessões e ações de graças
por todos os homens.

{ 122 } Mandamento para não dizer que é tentado por Deus.

(Tiago 1: 13,14)
Ninguém, ao ser tentado, diga: Sou tentado por Deus. Pois Deus não pode ser tentado pelo mal, e ele a ninguém tenta. Mas cada um é tentado, quando atraído e engodado pela sua própria concupiscência.

{ 123 } Mandamento para cumprir os mandamentos e conselhos de Deus.

(Tiago 1: 21a25).
Pelo que, despojando-vos de toda impureza e de todo vestígio do mal, recebei com mansidão a palavra em vós implantada, a qual é poderosa para salvar as vossas almas. E sede cumpridores da palavra, e não somente ouvintes, enganando-vos a vós mesmos. Se alguém é ouvinte da palavra, e não cumpridor, é semelhante ao homem que contempla no espelho o seu rosto natural e, depois de se contemplar a si mesmo, vai-se e logo se esquece de como era. Aquele, porém, que atenta bem para a lei perfeita, a da liberdade, e nela persevera, não sendo ouvinte esquecido, mas executor da obra, este será bem-aventurado no que realizar.

{ 124 } Mandamento para voltar ao primeiro amor.

(Apocalipse 2: 4,5)
Tenho, porém, contra ti que deixaste o teu primeiro amor. Lembra-te, pois, de onde caíste, e arrepende-te, e pratica as primeiras obras; quando não, brevemente a ti virei, e tirarei do seu lugar o teu castiçal, se não te arrependeres.

{ 125 } Mandamento para fazer tudo em nome do Senhor Jesus.

(Colossenses 3: 16,17).
A palavra de Cristo habite em vós abundantemente, em toda a sabedoria, ensinando-vos e admoestando-vos uns aos outros, com salmos, hinos e cânticos espirituais, cantando ao Senhor com gratidão em vossos corações. E tudo que fizerdes por palavras ou obras, fazei-o em nome do Senhor Jesus, dando por ele graças a Deus Pai.

{ 126 } Mandamento para não considerar uma cristã com menos de sessenta anos como viúva

(1Timóteo 5: 9 a 13)
Nunca seja inscrita viúva com menos de sessenta anos, e só a que tenha sido mulher de um só

marido:10Tendo testemunho de boas obras: Se criou os seus filhos, se exercitou hospitalidade, se lavou os pés aos santos, se socorreu os aflitos se praticou toda a boa obra.11Mas não admitas as viúvas mais novas, porque, quando se tornam levianas contra Cristo, querem casar-se;12Tendo já a sua condenação por haverem aniquilado a primeira fé.13E, além disto, aprendem também a andar ociosas de casa em casa; e não só ociosas, mas também paroleiras e curiosas, falando o que não convém.

{ 127 } Mandamento para servir a Deus com o espírito, alma e corpo.

(1Tessalonicenses 5: 23)

O mesmo Deus da paz vos santifique em tudo: e o vosso espírito, alma e corpo sejam conservados íntegros e irrepreensíveis na vinda de nosso Senhor Jesus Cristo.

{ 128 } Mandamento para não entristecer o Espírito Santo, e contra blasfêmia, e outros pecados.

(Efésios 4: 30,31)

E não entristeçais o Espírito Santo de Deus, no qual estais selados para o dia da redenção. Toda a amargura, e irá, e cólera, e gritaria, e blasfêmia e toda a malícia sejam tiradas dentre vós,

{ 129 } Mandamento para não andar na carne.

(Romanos 8: 8)
Portanto, os que estão na carne não podem
agradar a Deus.

**Andar na carne é viver pensando e buscando as
coisas do mundo, e viver participando, ou
compartilhando com certas coisas que as
pessoas que não são cristãos participam, ou
compartilham (1 Coríntios 6: 12)**

{ 130 } Mandamento para não recuar.

(Hebreus 10:38)
Mas o justo viverá pela fé. E se ele recuar, a
minha alma não tem prazer nele.

**{ 131 Mandamento para a mulher cristã se
vestir com decência, e não ensinar na igreja, e
não ter autoridade sobre o marido.**

(1Timóteo 2:9 a 15)
9 Que do mesmo modo as mulheres se ataviem
em traje honesto, com pudor e modéstia, não
com tranças, ou com ouro, ou pérolas, ou
vestidos preciosos,

¹⁰ Mas (como convém a mulheres que fazem profissão de servir a Deus) com boas obras.
¹¹ A mulher aprenda em silêncio, com toda a sujeição.
¹² Não permito, porém, que a mulher ensine, nem use de autoridade sobre o marido, mas que esteja em silêncio.
¹³ Porque primeiro foi formado Adão, depois Eva.

{ 132 } Mandamento para a mulher que ora, ou tem o dom de profetizar e profetiza: deve usar o véu dentro da igreja que é a casa de Deus

(1 Coríntios 11:5 a 16) (1 Timóteo 3: 15)
Em (1 Coríntios 11:5,6) Diz– Mas toda a mulher que ora ou profetiza com a cabeça descoberta, desonra a sua própria cabeça, porque é como se estivesse rapada. Portanto, se a mulher não se cobre com véu, tosquia-se também. Mas, se para a mulher é coisa indecente tosquiar-se ou rapar-se, que ponha o véu).
O apóstolo Paulo está dizendo bem claro que a mulher que ora ou profetiza, deve usar o véu dentro da igreja; nem se for preciso tosquiar ou rapar o cabelo. Porque a mulher com o cabelo curto, ela teria que usar o véu dentro ou fora da igreja: porque nesse tempo era indecente
a mulher ter o cabelo curto. Essa recomendação do apóstolo para a mulher usar véu na igreja era por causa dos anjos

(1 Coríntios 11:10)
Mas, fora da igreja, a mulher que tem o cabelo comprido não precisa de usar o véu, porque lhe é honroso ter o cabelo comprido, o cabelo comprido foi lhe dado em lugar do véu fora da igreja
(1 Coríntios 11:15)

(133 } Mandamento para os homens dentro da igreja ou casa de Deus.

(1 Coríntios 11: 4)
Todo homem que ora ou profetiza, tendo a cabeça coberta, desonra a sua própria cabeça. **Isso se refere, o uso de chapéu, boné, ou outra coisa que cobre a cabeça.**

(134 } Mandamento para os ministros cristãos: devem ser marido de uma só mulher, ou seja, não pode se casar de novo após o divórcio, para dar exemplo para outras pessoas

(1 Timóteo 3:1 a 2) (Levítico 21:7)
Fiel é esta palavra: Se alguém aspira ao episcopado, excelente obra deseja. É necessário, pois, que o bispo seja irrepreensível, marido de uma mulher, vigilante, sóbrio, honesto, hospitaleiro, apto para ensinar.

{ 135 } Mandamento contra a doutrina ou as obras dos nicolaítas.

(Apocalipse 2: 6) e (Apocalipse 2: 15)
A doutrina, ou as obras dos nicolaítas é uma expressão usada na bíblia para falar dum tipo de prostituição que é legal para os homens; porém, não para Deus. Como não existe a palavra poligamia na bíblia, é usado o sinônimo desta palavra que é a doutrina dos nicolaítas.
Muitas igrejas evangélicas aderiram a doutrina dos nicolaítas, ou seja, é permitido nestas igrejas que os cristãos se divorciem quantas vezes quiserem, e se casem novamente. **Em (Apocalipse 2:6)** Disse Deus para o anjo da igreja de Éfeso, que ela tinha algo que agradava-o, e este algo, era que o anjo desta igreja, odiava as obras dos nicolaítas, as quais ele também odeia. Isso é uma alusão do que está escrito No livro de **(Malaquias 2:16)** Neste livro, Deus diz que odeia o divórcio.
E fala sobre Balaão que ensinava Balaque a fazer com que os israelitas se prostituíssem com os ídolos, porque desta maneira os israelitas iriam provocar a ira de Deus sobre eles. Esta prostituição era no âmbito espiritual. Porém a doutrina dos nicolaítas é no âmbito físico: Ou seja, eles ensinavam que os cristãos casados podiam se divorciar, e casar quantas vezes quisessem; isso é poligamia, que é o mesmo de prostituição na bíblia. A Bíblia diz que só pode se casar novamente quando morre um dos

cônjuge, porque quando os cristãos se casam, se tornam em uma só carne
(Mateus 19:5,6) (Romanos 7:1 a 3)

{ 136 } Mandamento para o cônjuge que não era cristão, e passou a ser

(1 Coríntios 7:12 a 15)
Mas aos outros digo eu, não o Senhor: Se algum irmão tem mulher incrédula, e ela consente em habitar com ele, não a deixe. E se alguma mulher tem marido incrédulo, e ele consente em habitar com ela, não o deixe. Pois o marido incrédulo é santificado pela mulher, e a mulher incrédula é santificada pelo marido crente. Doutra sorte os vossos filhos seriam impuros, mas agora são santos. Mas, se o descrente se apartar, aparte-se. Neste caso o irmão, ou a irmã, não estão sujeito a servidão: Deus os chamou para a paz.

{ 137 } Mandamento para as mulheres se sujeitarem aos vossos maridos.

(Efésios 5:22 a 23)
Vós, mulheres, sujeitai-vos a vossos maridos, como ao Senhor; Porque o marido é a cabeça da mulher, como também Cristo é a cabeça da igreja, sendo ele próprio o salvador do corpo.

{ 138 } Mandamento contra o egoísmo, e outros pecados.

(2 Timóteo 3:1 a 5)
Sabe, porém, isto: que nos últimos dias sobrevirão tempos trabalhosos.2Porque haverá homens amantes de si mesmos, avarentos, presunçosos, soberbos, blasfemos, desobedientes a pais e mães, ingratos, profanos,3Sem afeto natural, irreconciliáveis, caluniadores, incontinentes, cruéis, sem amor para com os bons,4Traídores, obstinados, orgulhosos, mais amigos dos deleites do que amigos de Deus,5Tendo aparência de piedade, mas negando a eficácia dela. Destes afasta-te.

A falsa teoria da prosperidade e a sua consequência

No tempo que o Senhor Jesus estava aqui na terra
já existiam muitos enganadores: o próprio Senhor
Jesus desde aquele tempo advertia os seus discípulos acerca disso, para que eles tomassem cuidado; porque já naquele tempo, muitos falsos discípulos infiltravam-se no meio deles para saber como o Senhor Jesus fazia para arrastar multidões: Ora, o Senhor Jesus arrastava multidões pelos milagres que ele realizava pela

virtude do Espírito Santo, e pelas palavras da verdade e pelo bom testemunho que Ele dava.

Desde que existe o novo testamento, a Bíblia fala sobre os falsos líderes evangélicos. Estas pessoas não acreditam na salvação em Jesus Cristo. Elas só querem saber de fama e dinheiro. Elas adulteram a palavra de Deus: Ensinam a fazer coisas que a Bíblia condena. Tais pessoas são corruptos de entendimento; sejam homens ou mulheres: elas pensam que a palavra de Deus é causa de lucro; porém a recompensa do cristão será após a morte: Isso que a Bíblia diz.
(Marcos 13:13) (Apocalipse 3: 5).
Só existe uma maneira de saber quem serve a Deus de fato, e quem não serve: Se alguém vive transgredindo os mandamentos que estão no novo testamento: Essa pessoa não serve a Deus.

A falsa teoria da prosperidade leva os cristãos a transgredirem muitos mandamentos do Senhor Jesus. Citarei algumas transgressões causadas por esse ensino carnal demoníaco:

A

Estes falsos cristãos ensinam aos seus adeptos que eles não podem padecer nenhuma necessidade.

Isso é o contrário do que diz a bíblia

(Filipenses 4: 12, 13)

Sei estar abatido, e sei também ter abundância; em toda a maneira, e em todas as coisas estou instruído, tanto a ter fartura, como a ter fome; tanto a ter abundância, como a padecer necessidade. Posso todas as coisas em Cristo que me fortalece.

B

Eles ensinam também que os cristãos não podem ter enfermidades.

Timóteo tinha enfermidade

(Timóteo 5:23) O apóstolo Paulo também teve enfermidade (**2 Coríntios 12:7 a 10**) (**1 Pedro 4:13**)

C

Eles também ensinam que os cristãos tem que pisar na cabeça da serpente ou diabo.

A bíblia diz que quem pisará na cabeça da serpente será Deus, não o homem (**Romanos 16: 20**) (**1Coríntios 15: 53 a 57**).

D

Os líderes da falsa teoria da prosperidade, ensinam também para os seus prosélitos, que eles não podem aceitar que aconteça isso, ou aquilo na vida deles. Ou seja, ensinam também que os evangélicos não podem passar por momentos de fraquezas, não podem passar por nenhuma adversidade. A bíblia diz que quando estamos fracos, aí que estamos fortes, e se sofremos por estarmos obedecendo a Deus, é porque Deus está conosco
(1 Pedro 4: 13,14) (Coríntios 12: 92,10).

Estes falsos ensinamentos fazem a pessoa ser: Ambiciosa, cobiçosa e gananciosa:

1 Ambição (Romanos 12: 16)
Diz assim: (Sede unânimes entre vós; não ambicioneis coisas altas, mas acomodai-vos às humildes; não sejais sábios em vós mesmos.)
A ambição é uma coisa muito ruim para os crentes; por que ela leva os cristãos a desacreditarem na providência divina, e por causa disso, violam outros mandamentos.

2 Cobiça (1 João 2:15 a 17)

A cobiça está entre os dez mandamentos bíblico, e leva também a pessoa a ter inveja, e outros tipos de pecados.

3 Ganância (Lucas 12:13 a 21)

A ganância é um pecado que também gera outros tipos de transgressões aos mandamentos de Deus; como á arrogância, avareza, o egoísmo e coisas semelhantes.
Todos estes lideres que pregam a falsa teoria da prosperidade, são Adúlteros e inimigos de Deus. **Em (Tiago 4:4) diz:** (Adúlteros e adúlteras, não sabeis vós que a amizade do mundo é inimizade contra Deus? Portanto, qualquer que quiser ser amigo do mundo constitui-se inimigo de Deus.)Todos que seguem estes mercenários são cúmplices dos erros deles. As pessoas erram porque não querem conhecer as escrituras sagradas.

Quando estes enganadores ensinam a falsa teoria da prosperidade, que é buscar as coisas deste mundo. Note que eles só leem o antigo testamento, sabe por que? Porquê não há base desta teoria no novo testamento. Jesus nos deixou um novo testamento pelo seu sangue derramado na cruz do calvário (**Mateus 26:26**) Uma nova aliança.

Nesta nova aliança todo aquele que quiser ser salvo, deve buscar em primeiro lugar o reino de Deus e a sua justiça (**Mateus 6: 19 a 34**) e negar a si mesmo: Quando o Senhor Jesus disse que devemos buscar o reino de Deus e a sua justiça em primeiro lugar, ele exclui as outras coisas... Qual é a pessoa que não tem um bom emprego, e não gostaria ter, ou que não tem muito dinheiro na sua conta, e não gostaria de ter, ou uma casa confortável, carro, moto, o melhor celular, computador e outras coisas. Porém você acha melhor seguir a vontade da carne, e ser inimigo de Deus; ou não seguir, e ser amigo de Deus? Não quero dizer que os cristãos não podem possuir estas coisas; o que quero dizer é, que
não devemos cobiça-las; devemos seguir o que a Bíblia diz.

Diz assim em (1corintios 7: 30,31)
(E os que choram, como se não chorassem; e os que folgam, como se não folgassem; e os que compram, como se não possuíssem; e os que usam deste mundo, como se dele não usassem, porque a aparência deste mundo passa). Ou seja, não faça questão de nada, ajude o próximo, não seja egoísta ou avarento, porque a avareza é como o pecado de idolatria.
A Bíblia diz que um abismo chama outro abismo (**Salmos 42:7 a 9**) isto é, um erro conduz ao outro erro.

O erro de Balaão:

Balaão era um grande profeta de Deus: Mas ele sendo conduzido pela ganância, o seu fim foi trágico! Hoje ele é tido como um mal exemplo no novo testamento.

Em (Judas 11) diz —
Aí deles! Entraram pelo caminho de Caim, movidos de ganância, foram levados pelo erro de Balaão; pereceram na revolta de Coré.

Em (Apocalipse 2:14) diz — Todavia, tenho algumas coisas contra ti: Tens aí os que seguem a doutrina de Balaão, o qual ensinava Balaque a lançar tropeços diante dos filhos de Israel, levando-os a comer das coisas sacrificadas aos ídolos, e praticar a prostituição...

Note: Que na igreja onde estes falsos cristãos atuam como líderes, pode tudo, ou seja, eles não ensinam os mandamentos de Deus. As pessoas que congregam nestas igrejas podem viver na prática do pecado, só não podem deixar de dar os dízimos e as ofertas, e outros tipos de coisas que podem ser vendidas para serem convertidas em patrimônio para eles. Estes falsos cristãos estão repetindo o que aconteceu no passado, isso é, quando o Senhor Jesus estava aqui na terra: Nesse tempo os israelitas não acreditavam que ele era o messias que havia de vir ao mundo. Hoje estes mercenários também não acreditam.

Jesus disse que o reino dele não é deste mundo:
(**João 18:36**) Por isso não devemos buscar as
coisas que o mundo oferece, mas
devemos buscar as coisas concernentes ao reino
de Deus. Este é o ensinamento que Jesus nos
deixou. Mas estes falsos cristãos insistem em
pregar outro evangelho, o qual não é de Deus. Se
eles ensinam outro evangelho que não é de Deus:
Eles também não são de Deus! Logo todos que
obedecem estes mercenários também não
pertencerão a Deus.
O apóstolo Paulo disse em (Gálatas 1:10)
(Porque, persuado eu agora a homens ou a
Deus? Ou procuro agradar a homens? Se
estivesse ainda agradando aos homens, não
seria servo de Cristo).
Quando estes enganadores ensinam a buscar as
coisas deste mundo, eles procuram agradar aos
homens, e não a Deus.

A Bíblia diz aos (Hebreus13:5-6)
(Seja a vossa vida sem avareza, contentando-vos
com o que tendes, pois ele mesmo disse:
Não te deixarei, nem te desampararei.
Assim, com confiança, ousemos dizer:
O Senhor é o meu auxílio; não temerei o que me
possa fazer o homem).
Todavia, estes mercenários que ensinam a falsa
teoria da prosperidade, querem que os
cristãos busquem as coisas deste mundo para
desobedecerem a Deus, porque fazendo assim,

não irão agradar ao Senhor. Devemos lembrar que o diabo é o príncipe deste mundo (**João 12:31**): E que todos os reinos e a glória deste mundo foram entregues a ele, e ele dominará o mundo no tempo determinado por Deus (**apocalipse 13: 4 a 10**) (**Lucas 4: 5 a 8**) (**2 Tessalonicenses 2:1 a 12**)

Em (2 Pedro 2:1 a 3) diz:
E também houve entre o povo falsos profetas, como entre vós haverá também falsos doutores, que introduzirão encobertamente heresias de perdição, e negarão o Senhor que os resgatou, trazendo sobre si mesmos repentina perdição. E muitos seguirão as suas dissoluções, pelos quais será blasfemado o caminho da verdade. E por avareza farão de vós negócio com palavras fingidas; sobre os quais já de largo tempo não será tardia a sentença, e a sua perdição não dormita.

Em (1 Timóteo 6:3 a15) Diz:
(Se alguém ensina alguma outra doutrina, e se não conforma com as sãs palavras de nosso Senhor Jesus Cristo, e com a doutrina que é segundo a piedade, É soberbo, e nada sabe, mas delira acerca de questões e contendas de palavras, das quais nascem invejas, porfias, blasfêmias, ruins suspeitas, contendas de homens corruptos de entendimento, e privados da verdade, cuidando que a piedade seja causa de ganho; aparta-te dos tais).

Estes falsos cristãos que pregam a falsa teoria da prosperidade, fazem o caminho da verdade ser blasfemado pelos ímpios. Embora que, eles usem nos seus discursos alguns versículos da palavra de Deus, os ímpios não dão crédito, porque eles observam os escândalos causados por estes falsos cristãos.

Citarei algumas qualidades destes falsos cristãos que ensinam a falsa teoria da prosperidade.

1: Eles são injustos
2: São perseguidores dos cristãos verdadeiros
3: São enganadores
4: São presunçosos
5: São soberbos
6: São avarentos
7: São amantes de si mesmos
8: São mentirosos
9: São hipócritas
10: São apóstatas
11: São vaidosos.

Conselhos do Senhor:

(1) Conselho para não se perturbar.

(João 14: 1)
Não se turbe o vosso coração; credes em Deus, crede também em mim.

(2) Conselho para não reparar os erros alheios, mas, sim os próprios erros.

(Mateus 7: 3)
E por que reparas tu no argueiro que está no olho do teu irmão, e não vês a trave que está no teu olho?.

(3) Conselho para pedir o Espirito Santo de Deus e buscá-lo. (Lucas 11: 9 a 13)

E eu vos digo a vós: Pedi, e dar-se-vos-á; buscai, e achareis; batei, e abri-se-vos-á;10Porque qualquer que pedi recebe; e quem busca acha; e a quem bate abri-se-lhes-á.11E qual o pai entre vós que, se o filho pedir pão, lhe dará uma pedra? Ou, também, se lhe pedir peixe, lhe dará por peixe uma serpente?12Ou, também, se lhe pedir um ovo, lhe dará um escorpião?13Pois se vós, sendo maus sabeis dar boas dádivas aos vossos filhos, quanto mais dará o Pai celestial o Espírito Santo àqueles que lhe pedirem?

(4) Conselho para conhecer a verdade para ser liberto.

(João 8: 32)
E conhecereis a verdade, e a verdade vós libertará.

Conhecer a verdade é obedecer os mandamentos de Deus.

(5) Conselho para se prevenir dos falsos profetas.

(Mateus 7: 15 a 29)
Acautelai-vos, porém, dos falsos profetas, que vêm até vós vestidos como ovelhas, mas, interiormente, são lobos devoradores. Por seus frutos os conhecereis. Porventura colhem-se uvas dos espinheiros, ou figos dos Abrolhos? Assim, toda a árvore boa produz bons frutos, e toda a árvore má produz frutos maus.

(6) Conselho para o cristão não fazer coisas que antes de se tornar em um cristão fazia.

(Mateus 9: 16, 17)
Ninguém deita remendo de pano novo em roupa velha, porque semelhante remendo rompe a roupa, e faz maior rotura. Nem se deita vinho novo em odres velhos; aliás rompem-se o vinho,

e os odres estragam-se; mas deita-se vinho novo em odres novos, e assim ambos se conservam.

(7) Conselho para se arrepender, e ser zeloso no que tange a obediência aos mandamentos de Deus.

(Apocalipse 3: 19)
Eu repreendo e castigo a todos quantos amo; sê pois zeloso, e arrepende-te.

(8) Conselho para ser inofensivo e prudente.

(Mateus 10: 16).
Eis que vós envio como ovelhas ao meio de lobos; portanto, sede prudentes como as serpentes e inofensivos como as pombas.

(9) Conselho para ter paciência para ouvir mais, e pensar no que vai falar, e fazer de tudo para não se irar.

(Tiago 1: 19,20)
Portanto, meus irmãos, todo o homem seja pronto para ouvir, tardio para falar, tardio para se irar. Porque a ira do homem não opera a justiça de Deus.

(10) Conselho para conservar as tradições ensinadas pelas escrituras sagradas.

(2 Tessalonicenses 2: 15)
Então, irmãos, estai firmes e retende as tradições que vós foram ensinadas, seja por palavra, seja por epístolas nossa.

(11) Conselho para olhar para Jesus, o autor e consumador da fé.

(Hebreus 12: 2)
Olhando para Jesus, autor e consumador da fé, o qual, pelo gozo que lhe estava proposto, suportou a cruz, desprezando a afronta, e assentou-se á destra do trono de Deus.

(12) Conselho para se reconciliar com o irmão.

(Mateus 5: 23,24)
Portanto, se trouxeres a tua oferta ao altar, e aí te lembrares de que teu irmão tem alguma coisa contra ti,24Deixa ali diante do altar a tua oferta, e vai reconciliar-te primeiro com teu irmão e, depois, vem e apresenta a tua oferta.

(13) Conselho no que tange, como a usar os dons de Deus.

(Romanos 12: 6 a 8)

De modo que, tendo diferentes dons, segundo a graça que nos é dada, se é profecia, seja ela segundo a medida da fé;7Se é ministério, seja em ministrar; se é ensinar, haja dedicação ao ensino;8Ou o que exorta, use esse dom em exortar; o que reparte, faça-o com liberalidade; o que preside, com cuidado; o que exercita misericórdia, com alegria.

(14) Conselho para confessar os pecados para Deus

(1 João 1: 9)

Se confessarmos os nossos pecados, ele é fiel e justo para nos perdoar os pecados, e nos purificar de toda a injustiça.

(15) Conselho para sair do local onde as pessoas que ali estiverem, rejeitarem o evangelho da paz de Deus.

(Mateus 10: 12 a 15)

E, quando entrardes nalguma casa, saudai-a;13E, se a casa for digna, desça sobre ela a vossa paz; mas, se não for digna, torne para vós a vossa paz. E, se ninguém vós receber, nem escutar as vossas palavras, saindo daquela casa ou cidade, sacudi o pó dos vossos pés.

(16) Conselho para o cristão que de alguma maneira está sofrendo.

(1 Pedro 4: 12 a 14)
Amados, não estranhei a ardente prova que vem sobre vós para vos tentar, como se coisa estranha vos acontecesse;13Mais alegrai-vos no fato de serdes participantes das aflições de Cristo, para que também na revelação da sua glória vos regozijeis.14Se pelo nome de Cristo sois vituperados, bem-aventurados sois, porque sobre vós repousa o Espírito da glória de Deus; quanto a eles, é ele, sim, blasfemado, mas quanto a vós, é glorificado.

(17) Conselho para construir a vida em Cristo.

(Mateus 7: 24,25)
Todo aquele, pois, que escuta estas minhas palavras, e as pratica, será semelhante ao homem prudente, que edificou a sua casa sobre a rocha;25E desceu a chuva, e correram rios, e assopraram
ventos, e combateram aquela casa, e não caiu, porque estava edificada sobre a rocha.

(18) Conselho para andar no Espírito.

(Gálatas 5: 16, 18)
Digo, porém: Andai em Espírito, e não cumprireis a concupiscência da carne.

(19) Conselho para não fazer a vontade da carne.

(Gálatas 5: 13).
Porque vós, irmãos, fostes chamados á liberdade. Não useis então dá liberdade para dar ocasião á carne, mas servi-vos uns aos outros pelo amor.

(20) Conselho para o cristão ser sincero, e ter conhecimento da palavra de Deus e cheios dos frutos de justiça.

(Filipenses 1:9 a 11)
E peço isto: que o vosso amor cresça mais e mais em ciência e em todo o conhecimento,10Para que aproveis as coisas excelentes, para que sejais sinceros, e sem escândalo algum até ao dia de Cristo;11Cheios dos frutos de justiça, que são por Jesus Cristo, para glória e louvor de Deus.

(21) Conselho para o cristão não apenas crer em Jesus, mas também sofrer por ele.

(Filipenses 1: 29,30)

Porque a vós vos foi concedido, em relação a Cristo, não somente crer nele, como também padecer por ele30Tendo mesmo combate que em mim tendes visto e agora ouvis estar em mim.

(22) Conselho para o cristão não ser uma presa de algum líder que ensina alguma doutrina criada por ele, e não bíblica.

(Colossenses 2: 8)
(Tende cuidado, para que ninguém vos faça presa sua, por meio de filosofias e vãs sutilezas, segundo a tradição dos homens, segundo os rudimentos do mundo, e não segundo Cristo;).

(23) Conselho para admoestar os desordeiros, consolar os de pouco ânimo, sustentar os fracos, e ser paciente com todos.

(1 Tessalonicenses 5: 14)
[14] Rogamo-vos, também, irmãos, que admoesteis os desordeiros, consoleis os de pouco ânimo, sustenteis os fracos, e sejais pacientes para com todos.

(24) Conselho para ser grato a Deus por tudo.

(1 Tessalonicenses 5: 18)

Em tudo dai graças, porque esta é a vontade de Deus em Cristo Jesus para convosco.

(25) Vários conselhos para os cristãos.

(1 Timóteo 4: 6 a 16)
[6] Propondo estas coisas aos irmãos, serás bom ministro de Jesus Cristo, criado com as palavras da fé e da boa doutrina que tens seguido.
[7] Mas rejeita as fábulas profanas e de velhas, e exercita-te a ti mesmo em piedade;
[8] Porque o exercício corporal para pouco aproveita, mas a piedade para tudo é proveitosa, tendo a promessa da vida presente e da que há de vir.
[9] Esta palavra é fiel e digna de toda a aceitação;
[10] Porque para isto trabalhamos e somos injuriados, pois esperamos no Deus vivo, que é o Salvador de todos os homens, principalmente dos fiéis.
[11] Manda estas coisas e ensina-as.
[12] Ninguém despreze a tua mocidade; mas sê o exemplo dos fiéis, na palavra, no trato, no amor, no espírito, na fé, na pureza.
[13] Persiste em ler, exortar e ensinar, até que eu vá.
[14] Não desprezes o dom que há em ti, o qual te foi dado por profecia, com a imposição das mãos do presbitério.
[15] Medita estas coisas; ocupa-te nelas, para que o teu aproveitamento seja manifesto a todos.

¹⁶ Tem cuidado de ti mesmo e da doutrina. Persevera nestas coisas; porque, fazendo isto, te salvarás, tanto a ti mesmo como aos que te ouvem.

(26) Conselho para se lembrar de quando se converteu.

(Hebreus 10: 32)
Lembrai-vos, porém, dos dias passados, em que, depois de serdes iluminados, suportastes grande combate de aflições.

(27) Vários conselhos para os cristãos.

(Hebreus 13: 1 a 17)
¹ Seja constante o amor fraternal.
² Não se esqueçam da hospitalidade; foi praticando-a que, sem o saber alguns acolheram anjos.
³ Lembrem-se dos que estão na prisão, como se aprisionados com eles; dos que estão sendo maltratados, como se fossem vocês mesmos que o estivessem sofrendo no corpo.
⁴ O casamento deve ser honrado por todos; o leito conjugal, conservado puro; pois Deus julgará os imorais e os adúlteros.
⁵ Conservem-se livres do amor ao dinheiro e contentem-se com o que vocês têm, porque Deus mesmo disse: "Nunca o deixarei, nunca o abandonarei".

⁶ Podemos, pois, dizer com confiança: "O Senhor é o meu ajudador, não temerei. O que me podem fazer os homens? "

⁷ Lembrem-se dos seus líderes, que lhes falaram a palavra de Deus. Observem bem o resultado da vida que tiveram e imitem a sua fé.

⁸ Jesus Cristo é o mesmo, ontem, hoje e para sempre.

⁹ Não se deixem levar pelos diversos ensinos estranhos. É bom que o nosso coração seja fortalecido pela graça, e não por alimentos cerimoniais, os quais não têm valor para aqueles que os comem.

¹⁰ Nós temos um altar do qual não têm direito de comer os que ministram no tabernáculo.

¹¹ O sumo sacerdote leva sangue de animais até o Santo dos Santos, como oferta pelo pecado, mas os corpos dos animais são queimados fora do acampamento.

¹² Assim, Jesus também sofreu fora das portas da cidade, para santificar o povo por meio do seu próprio sangue.

¹³ Portanto, saiamos até ele, fora do acampamento, suportando a desonra que ele suportou.

¹⁴ Pois não temos aqui nenhuma cidade permanente, mas buscamos a que há de vir.

¹⁵ Por meio de Jesus, portanto, ofereçamos continuamente a Deus um sacrifício de louvor, que é fruto de lábios que confessam o seu nome.

¹⁶ Não se esqueçam de fazer o bem e de repartir com os outros o que vocês têm, pois de tais sacrifícios Deus se agrada.

¹⁷ Obedeçam aos seus líderes e submetam-se à autoridade deles. Eles cuidam de vocês como quem deve prestar contas. Obedeçam-lhes, para que o trabalho deles seja uma alegria e não um peso, pois isso não seria proveitoso para vocês.

(28) Conselho para praticar as virtudes cristãs.

(2 Pedro 1: 5 a 12)

⁵ Por isso mesmo, empenhem-se para acrescentar à sua fé a virtude; à virtude o conhecimento;

⁶ ao conhecimento o domínio próprio; ao domínio próprio a perseverança; à perseverança a piedade;

⁷ à piedade a fraternidade; e à fraternidade o amor.

⁸ Porque, se essas qualidades existirem e estiverem crescendo em suas vidas, elas impedirão que vocês, no pleno conhecimento de nosso Senhor Jesus Cristo, sejam inoperantes e improdutivos.

⁹ Todavia, se alguém não as tem, está cego, só vê o que está perto, esquecendo-se da purificação dos seus antigos pecados.

¹⁰ Portanto, irmãos, empenhem-se ainda mais para consolidar o chamado e a eleição de vocês, pois se agirem dessa forma, jamais tropeçarão,

¹¹ e assim vocês estarão ricamente providos quando entrarem no Reino eterno de nosso Senhor e Salvador Jesus Cristo.

¹² Por isso, sempre terei o cuidado de lembrar-lhes estas coisas, se bem que vocês já as sabem e estão solidamente firmados na verdade que receberam.

(29) Conselho para os aflitos, e os doentes, e os que estão alegres.

(Tiago 5: 13 a 16)

¹³ Está alguém entre vós aflito? Ore. Está alguém contente? Cante louvores.

¹⁴ Está alguém entre vós doente? Chame os presbíteros da igreja, e orem sobre ele, ungindo-o com azeite em nome do Senhor;

¹⁵ E a oração da fé salvará o doente, e o Senhor o levantará; e, se houver cometido pecados, ser-lhe-ão perdoados.

¹⁶ Confessai as vossas culpas uns aos outros, e orai uns pelos outros, para que sareis. A oração do justo pode muito em seus efeitos.

(30) Vários conselhos para os cristãos.

(1 Pedro 2: 2 a 25)

² Desejai afetuosamente, como meninos novamente nascidos, o leite racional, não falsificado, para que por ele vades crescendo;

³ Se é que já provastes que o Senhor é benigno;

⁴ E, chegando-vos para ele, pedra viva, reprovada, na verdade, pelos homens, mas para com Deus eleita e preciosa,

⁵ Vós também, como pedras vivas, sois edificados casa espiritual e sacerdócio santo, para oferecer sacrifícios espirituais agradáveis a Deus por Jesus Cristo.

⁶ Por isso também na Escritura se contém: Eis que ponho em Sião a pedra principal da esquina, eleita e preciosa; e quem nela crer não será confundido.

⁷ E assim para vós, os que credes, é preciosa, mas, para os rebeldes, a pedra que os edificadores reprovaram, essa foi a principal da esquina,

⁸ E uma pedra de tropeço e rocha de escândalo, para aqueles que tropeçam na palavra, sendo desobedientes; para o que também foram destinados.

⁹ Mas vós sois a geração eleita, o sacerdócio real, a nação santa, o povo adquirido, para que anuncieis as virtudes daquele que vos chamou das trevas para a sua maravilhosa luz;

¹⁰ Vós, que em outro tempo não éreis povo, mas agora sois povo de Deus; que não tínheis alcançado misericórdia, mas agora alcançastes misericórdia.

¹¹ Amados, peço-vos, como a peregrinos e forasteiros, que vos abstenhais das concupiscências carnais, que combatem contra a alma;

¹² Tendo o vosso viver honesto entre os gentios; para que, naquilo em que falam mal de vós, como

de malfeitores, glorifiquem a Deus no dia da visitação, pelas boas obras que em vós observem.

¹³ Sujeitai-vos, pois, a toda a ordenação humana por amor do Senhor; quer ao rei, como superior;

¹⁴ Quer aos governadores, como por ele enviados para castigo dos malfeitores, e para louvor dos que fazem o bem.

¹⁵ Porque assim é a vontade de Deus, que, fazendo bem, tapeis a boca à ignorância dos homens insensatos;

¹⁶ Como livres, e não tendo a liberdade por cobertura da malícia, mas como servos de Deus.

¹⁷ Honrai a todos. Amai a fraternidade. Temei a Deus. Honrai ao rei.

¹⁸ Vós, servos, sujeitai-vos com todo o temor aos senhores, não somente aos bons e humanos, mas também aos maus.

¹⁹ Porque é coisa agradável, que alguém, por causa da consciência para com Deus, sofra agravos, padecendo injustamente.

²⁰ Porque, que glória será essa, se, pecando, sois esbofeteados e sofreis? Mas se, fazendo o bem, sois afligidos e o sofreis, isso é agradável a Deus.

²¹ Porque para isto sois chamados; pois também Cristo padeceu por nós, deixando-nos o exemplo, para que sigais as suas pisadas.

²² O qual não cometeu pecado, nem na sua boca se achou engano.

²³ O qual, quando o injuriavam, não injuriava, e quando padecia não ameaçava, mas entregava-se àquele que julga justamente;

²⁴ Levando ele mesmo em seu corpo os nossos pecados sobre o madeiro, para que, mortos para os pecados, pudéssemos viver para a justiça; e pelas suas feridas fostes sarados.

²⁵ Porque éreis como ovelhas desgarradas; mas agora tendes voltado ao Pastor e Bispo das vossas almas.

(31) Conselhos para todos os cristãos.

(1 Pedro 3: 8 a 22)

⁸ E, finalmente, sede todos de um mesmo sentimento, compassivos, amando os irmãos, entranhavelmente misericordiosos e afáveis.

⁹ Não tornando mal por mal, ou injúria por injúria; antes, pelo contrário, bendizendo; sabendo que para isto fostes chamados, para que por herança alcanceis a bênção.

¹⁰ Porque quem quer amar a vida, e ver os dias bons, refreie a sua língua do mal, e os seus lábios não falem engano.

¹¹ Aparte-se do mal, e faça o bem; busque a paz, e siga-a.

¹² Porque os olhos do Senhor estão sobre os justos, e os seus ouvidos atentos às suas orações; mas o rosto do Senhor é contra os que fazem o mal.

¹³ E qual é aquele que vos fará mal, se fordes seguidores do bem?

14 Mas também, se padecerdes por amor da justiça, sois bem-aventurados. E não temais com medo deles, nem vos turbeis;

15 Antes, santificai ao Senhor Deus em vossos corações; e estai sempre preparados para responder com mansidão e temor a qualquer que vos pedir a razão da esperança que há em vós,

16 Tendo uma boa consciência, para que, naquilo em que falam mal de vós, como de malfeitores, fiquem confundidos os que blasfemam da vossa boa conduta em Cristo.

17 Porque melhor é que padeçais fazendo bem (se a vontade de Deus assim o quer), do que fazendo mal.

18 Porque também Cristo padeceu uma vez pelos pecados, o justo pelos injustos, para levar-nos a Deus; mortificado, na verdade, na carne, mas vivificado pelo Espírito;

19 No qual também foi, e pregou aos espíritos em prisão;

20 Os quais noutro tempo foram rebeldes, quando a longanimidade de Deus esperava nos dias de Noé, enquanto se preparava a arca; na qual poucas (isto é, oito) almas se salvaram pela água;

21 Que também, como uma verdadeira figura, agora vos salva, o batismo, não do despojamento da imundícia da carne, mas da indagação de uma boa consciência para com Deus, pela ressurreição de Jesus Cristo;

²² O qual está à destra de Deus, tendo subido ao céu, havendo-se-lhe sujeitado os anjos, e as autoridades, e as potências.

(32) Conselhos para todos os cristãos.

(1 Pedro 4: 7 a 19)

⁷ O fim de todas as coisas está próximo. Portanto, sejam criteriosos e sóbrios; dediquem-se à oração.

⁸ Sobretudo, amem-se sinceramente uns aos outros, porque o amor perdoa muitíssimos pecados.

⁹ Sejam mutuamente hospitaleiros, sem reclamação.

¹⁰ Cada um exerça o dom que recebeu para servir aos outros, administrando fielmente a graça de Deus em suas múltiplas formas.

¹¹ Se alguém fala, faça-o como quem transmite a palavra de Deus. Se alguém serve, faça-o com a força que Deus provê, de forma que em todas as coisas Deus seja glorificado mediante Jesus Cristo, a quem sejam a glória e o poder para todo o sempre. Amém.

¹² Amados, não se surpreendam com o fogo que surge entre vocês para os provar, como se algo estranho lhes estivesse acontecendo.

¹³ Mas alegrem-se à medida que participam dos sofrimentos de Cristo, para que também, quando a sua glória for revelada, vocês exultem com grande alegria.

¹⁴ Se vocês são insultados por causa do nome de Cristo, felizes são vocês, pois o Espírito da glória, o Espírito de Deus, repousa sobre vocês.

¹⁵ Se algum de vocês sofre, que não seja como assassino, ladrão, criminoso ou como quem se intromete em negócios alheios.

¹⁶ Contudo, se sofre como cristão, não se envergonhe, mas glorifique a Deus por meio desse nome.

¹⁷ Pois chegou a hora de começar o julgamento pela casa de Deus; e, se começa primeiro conosco, qual será o fim daqueles que não obedecem ao evangelho de Deus?

¹⁸ E, "se ao justo é difícil ser salvo, que será do ímpio e pecador? "

¹⁹ Por isso mesmo, aqueles que sofrem de acordo com a vontade de Deus devem confiar suas vidas ao seu fiel Criador e praticar o bem.

(33) Conselhos para os presbíteros, os jovens, os anciãos, e para todos cristãos.

(1 Pedro 5: 1 a 11)

¹ Aos presbíteros, que estão entre vós, admoesto eu, que sou também presbítero com eles, e testemunha das aflições de Cristo, e participante da glória que se há de revelar:

² Apascentai o rebanho de Deus, que está entre vós, tendo cuidado dele, não por força, mas voluntariamente; nem por torpe ganância, mas de ânimo pronto;

³ Nem como tendo domínio sobre a herança de Deus, mas servindo de exemplo ao rebanho.

⁴ E, quando aparecer o Sumo Pastor, alcançareis a incorruptível coroa da glória.

⁵ Semelhantemente vós jovens, sede sujeitos aos anciãos; e sede todos sujeitos uns aos outros, e revesti-vos de humildade, porque Deus resiste aos soberbos, mas dá graça aos humildes.

⁶ Humilhai-vos, pois, debaixo da potente mão de Deus, para que a seu tempo vos exalte;

⁷ Lançando sobre ele toda a vossa ansiedade, porque ele tem cuidado de vós.

⁸ Sede sóbrios; vigiai; porque o diabo, vosso adversário, anda em derredor, como leão bramando, buscando a quem possa tragar;

⁹ Ao qual resisti firmes na fé, sabendo que as mesmas aflições se cumprem entre os vossos irmãos no mundo.

¹⁰ E o Deus de toda a graça, que em Cristo Jesus nos chamou à sua eterna glória, depois de havermos padecido um pouco, ele mesmo vos aperfeiçoe, confirme, fortifique e estabeleça.

¹¹ A ele seja a glória e o poderio para todo o sempre. Amém.

(34) Conselhos para todos os cristãos.

(2 Pedro 1: 1 a 13)

¹ Simão Pedro, servo e apóstolo de Jesus Cristo, àqueles que, mediante a justiça de nosso Deus e

Salvador Jesus Cristo, receberam conosco uma fé igualmente valiosa:

² Graça e paz lhes sejam multiplicadas, pelo pleno conhecimento de Deus e de Jesus, o nosso Senhor.

³ Seu divino poder nos deu todas as coisas de que necessitamos para a vida e para a piedade, por meio do pleno conhecimento daquele que nos chamou para a sua própria glória e virtude.

⁴ Por intermédio destas ele nos deu as suas grandiosas e preciosas promessas, para que por elas vocês se tornassem participantes da natureza divina e fugissem da corrupção que há no mundo, causada pela cobiça.

⁵ Por isso mesmo, empenhem-se para acrescentar à sua fé a virtude; à virtude o conhecimento;

⁶ ao conhecimento o domínio próprio; ao domínio próprio a perseverança; à perseverança a piedade;

⁷ à piedade a fraternidade; e à fraternidade o amor.

⁸ Porque, se essas qualidades existirem e estiverem crescendo em suas vidas, elas impedirão que vocês, no pleno conhecimento de nosso Senhor Jesus Cristo, sejam inoperantes e improdutivos.

⁹ Todavia, se alguém não as tem, está cego, só vê o que está perto, esquecendo-se da purificação dos seus antigos pecados.

[10] Portanto, irmãos, empenhem-se ainda mais para consolidar o chamado e a eleição de vocês, pois se agirem dessa forma, jamais tropeçarão,
[11] e assim vocês estarão ricamente providos quando entrarem no Reino eterno de nosso Senhor e Salvador Jesus Cristo.
[12] Por isso, sempre terei o cuidado de lembrar-lhes estas coisas, se bem que vocês já as sabem e estão solidamente firmados na verdade que receberam.
[13] Considero importante, enquanto estiver no tabernáculo deste corpo, despertar a memória de vocês

(35) Conselho para o cristão não se desviar do caminho do Senhor e salvador Jesus.

(2 Pedro 2: 20 a 22)
[20] Porquanto se, depois de terem escapado das corrupções do mundo, pelo conhecimento do Senhor e Salvador Jesus Cristo, forem outra vez envolvidos nelas e vencidos, tornou-se-lhes o último estado pior do que o primeiro.
[21] Porque melhor lhes fora não conhecerem o caminho da justiça, do que, conhecendo-o, desviarem-se do santo mandamento que lhes fora dado;
[22] Deste modo sobreveio-lhes o que por um verdadeiro provérbio se diz: O cão voltou ao seu

próprio vômito, e a porca lavada ao espojadouro de lama.

(36) Conselho para os cristãos, no que tange, aos falsos ministros cristãos evangélicos.

(2 Pedro 2: 1 a 19)

[1] E também houve entre o povo falsos profetas, como entre vós haverá também falsos doutores, que introduzirão encobertamente heresias de perdição, e negarão o Senhor que os resgatou, trazendo sobre si mesmos repentina perdição.

[2] E muitos seguirão as suas dissoluções, pelos quais será blasfemado o caminho da verdade.

[3] E por avareza farão de vós negócio com palavras fingidas; sobre os quais já de largo tempo não será tardia a sentença, e a sua perdição não dormita.

[4] Porque, se Deus não poupou aos anjos que pecaram, mas, havendo-os lançado no inferno, os entregou às cadeias da escuridão, ficando reservados para o juízo;

[5] E não perdoou ao mundo antigo, mas guardou a Noé, a oitava pessoa, o pregador da justiça, ao trazer o dilúvio sobre o mundo dos ímpios;

[6] E condenou à destruição as cidades de Sodoma e Gomorra, reduzindo-as a cinza, e pondo-as para exemplo aos que vivessem impiamente;

[7] E livrou o justo Ló, enfadado da vida dissoluta dos homens abomináveis

8 (Porque este justo, habitando entre eles, afligia todos os dias a sua alma justa, vendo e ouvindo sobre as suas obras injustas);

9 Assim, sabe o Senhor livrar da tentação os piedosos, e reservar os injustos para o dia do juízo, para serem castigados;

10 Mas principalmente aqueles que segundo a carne andam em concupiscências de imundícia, e desprezam as autoridades; atrevidos, obstinados, não receando blasfemar das dignidades;

11 Enquanto os anjos, sendo maiores em força e poder, não pronunciam contra eles juízo blasfemo diante do Senhor.

12 Mas estes, como animais irracionais, que seguem a natureza, feitos para serem presos e mortos, blasfemando do que não entendem, perecerão na sua corrupção,

13 Recebendo o galardão da injustiça; pois que tais homens têm prazer nos deleites cotidianos; manchas são eles e máculas, deleitando-se em seus enganos, quando se banqueteiam convosco;

14 Tendo os olhos cheios de adultério, e não cessando de pecar, engodando as almas inconstantes, tendo o coração exercitado na avareza, filhos de maldição;

15 Os quais, deixando o caminho direito, erraram seguindo o caminho de Balaão, filho de Beor, que amou o prêmio da injustiça;

16 Mas teve a repreensão da sua transgressão; o mudo jumento, falando com voz humana, impediu a loucura do profeta.

¹⁷ Estes são fontes sem água, nuvens levadas pela força do vento, para os quais a escuridão das trevas eternamente se reserva.

¹⁸ Porque, falando coisas mui arrogantes de vaidades, engodam com as concupiscências da carne, e com dissoluções, aqueles que se estavam afastando dos que andam em erro,

¹⁹ Prometendo-lhes liberdade, sendo eles mesmos servos da corrupção. Porque de quem alguém é vencido, do tal faz-se também servo.

Fruto do Espírito: O dom que Deus dar aos convertidos para que possam vencer o mal.

(Romanos 12: 21) (Gálatas 5: 22 a 24).
Mas o fruto do Espírito é: amor, alegria, paz, longanimidade, benignidade, bondade, fé, mansidão, temperança.Contra estas coisas não há lei. E os que são de Cristo crucificaram a carne com as suas paixões e concupiscências.

Jesus é a nossa sabedoria, e justiça, santificação, e redenção vindo de Deus

(1Coríntios 1: 30)

Jesus é a nossa justiça, porque Ele veio ao mundo para sofrer e morrer por todos, para anular o pecado de Adão que atingiu toda a raça humana,

para que todos possam alcançar a vida eterna pela fé Nele. É pela fé em Jesus que podemos obedecer os seus mandamentos. Jesus é o autor e consumador da fé
(**Hebreus 12: 2,3**). Ninguém será condenado pelo pecado de Adão: Porém todos que rejeitarem a graça de Deus que é o Senhor e salvador Jesus, serão condenados pelos seus
próprios pecados: porque o pecado é a transgressão aos mandamentos de Deus
(**1 João 3: 4,5**).

Conclusão:

Assim como o leme e o GPS foram criados para guiar a pessoa para o local onde ela deseja ir: Da mesma forma são os mandamentos e os conselhos de Deus: Eles foram estabelecidos para guiar os cristãos para o reino do Senhor e salvador Jesus (João 18: 36,37).